もって歩ける！

日光ポケット

監修 日光市観

JN251795

もくじ

自然

特別編

この本は、世界遺産と自然の2つのパートで日光を紹介しています。本のなかに出てくるマークの意味は、以下のとおりです。

 マップ ・・・・・・ 社寺の境内地図やハイキングマップを掲載しています。

見ておこう ・・・・・ ぜひ現地で見ておきたいポイントを記しています。

 現地ガイドさんのおすすめ情報 ・・・・・ 現地のガイドさんから聞いた情報を掲載しています。

 豆ちしき ・・・・・ 日光の社寺の参拝や見学のときに、あらかじめ知っておきたいことを記しています。

 ワンポイント ・・・・ 日光ゆかりの人物など、そのページやパートに関連する情報を紹介しています。

注意 ・・・・・・・・ 社寺見学やハイキングのときの注意事項を記しています。

 国宝 **重文** ・・・・・ 世界遺産のパートで、その文化財が、国宝または重文（重要文化財）であることを示しています。

日光のあらまし

現在の日光市は、5つの市町村＊が合併し、2006（平成18）年に誕生しました。栃木県の北西部に位置し、自然、文化遺産、温泉などの観光資源が豊富です。

＊今市市、日光市、藤原町、足尾町、栗山村の5市町村。

日光市の地形

　総面積約1450km²は、栃木県全体の4分の1ほどを占め、全国の市町村のなかでも3番目の広さです。北部から西部の地域の大部分が山地で、南部には、大谷川によって形成された扇状地＊1が広がります。標高は、もっとも高いところ（白根山）が2578m、もっとも低いところが200mほどで、その差は2380mほどあり、日光の市街地と中禅寺湖や湯ノ湖などがある奥日光とのあいだだけでも、740mから950mほどあります。

日光市の気候

　内陸性気候＊2に属し、年平均気温は、市街地で12℃ほど、山間部では7℃ほどです。山間部を中心に、夏はすずしく、冬は市街地でも氷点下になる日が多く、寒暖の差もあります。

　1年をとおして降水量は少ないものの、奥日光をはじめとした山間部では、冬には雪が積もります。また、山間部は、梅雨の影響を受けにくいといわれ、市街地が雨でも晴れということもあります。

＊1 川が山地から平地に流れでるところで、川が運んできたたい積物が積もってできた扇形の地形。

＊2 海から遠くはなれた内陸部に見られる気候。1年の気温の変化や1日の気温の変化が大きく、降水量が少ない。

日光の歴史

奈良時代の8世紀後半に、勝道上人（→P21）が開いた日光は、日光山とよばれ、山岳信仰（→P28）の場として栄えました。17世紀前半（江戸時代）に、徳川家康をまつる日光東照宮（→P4）ができると、日光詣の人びとでにぎわい、門前町として栄えました。

19世紀の後半、明治維新によって外国との交流がさかんになると、たくさんの外国人が訪れるようになり、西洋式のリゾートホテルや外国人の別荘が建てられ、国際避暑地として発展します。第二次世界大戦が終わり、高度経済成長＊の時代をむかえた20世紀の後半には、観光資源の豊富な日光に、多くの人が訪れるようになりました。

いまでは、日光東照宮などの「日光の社寺」がユネスコの世界遺産に登録され、国際観光都市となっています。

＊1960年代を中心におきた、諸外国にも例を見ないほど急速な経済成長のこと。

マップ 日光地域

日光東照宮

日光二荒山神社（➡P18）と日光山輪王寺（➡P22）とともに、「日光の社寺」として世界遺産に登録されている日光東照宮は、江戸幕府を開いた徳川家康を神としてまつります。陽明門（➡P13）をはじめ、多くの国宝や重要文化財があります。

△表参道とよばれる、日光東照宮の入口。石段の奥に見えるのは、一の鳥居（石鳥居／➡P6）。

日光東照宮とは

日光東照宮は、江戸幕府2代将軍の徳川秀忠が、父の家康の遺言にもとづき、1617（元和3）年に建てた東照社がはじまりです。

いまのような姿になったのは、1636（寛永13）年のことです。3代将軍の徳川家光が、当時のあらゆる工芸技術の粋を集め、あざやかな色にぬって金箔をはるなど、豪華絢爛な装飾に仕上げた55棟の建物を巧みに配置しました（寛永の大造替）。

以後、日光東照宮は、将軍や例幣使（朝廷からの使者）などが参拝したこともあり、幕府によって、大切に保護されました。江戸幕府がほろびたのちも、明治維新による混乱を乗りこえ、貴重な文化財として、今日に受けつがれてきました。

そうしたこともあり、日光東照宮は、日光二荒山神社と日光山輪王寺とともに、1999（平成11）年、ユネスコの世界遺産に登録されました。

奥社（おくしゃ）

奥社宝塔（おくしゃほうとう）

奥社拝殿（おくしゃはいでん）

石の間（いしのま）

拝殿（はいでん）

本社（ほんしゃ）

本殿（ほんでん）

唐門（からもん）

透塀（すきべい）

陽明門（ようめいもん）

眠り猫（ねむりねこ）

祈祷殿（きとうでん）

客殿・社務所（きゃくでん・しゃむしょ）

回廊（かいろう）

神輿舎（しんよしゃ）

坂下門（さかしたもん）

日光東照宮（にっこうとうしょうぐう）美術館（びじゅつかん）

本地堂（薬師堂）（ほんじどう（やくしどう））

神楽殿（かぐらでん）

[鳴竜]（なきりゅう）

鼓楼（ころう）

鐘楼（しょうろう）

上神庫[想像の象]（かみじんこ［そうぞうのぞう］）

飛び越えの獅子（とびこえのしし）

三神庫（さんじんこ）

御水舎（水盤舎）（おみずや（すいばんしゃ））

中神庫（なかじんこ）

御仮殿（おかりでん）

唐銅鳥居（二の鳥居）（からどうとりい（にのとりい））

下神庫（しもじんこ）

阿房丸（あぼうまる）

神厩舎[三猿]（しんきゅうしゃ［さんざる］）

五重塔（ごじゅうのとう）

表門（仁王門）（おもてもん（におうもん））

一の鳥居（石鳥居）（いちのとりい（いしどりい））

武徳殿（ぶとくでん）

日光東照宮宝物館（にっこうとうしょうぐうほうもつかん）

東照宮境内略図

拝観受付時間

表門（おもてもん）の下にある「東照宮境内略図（とうしょうぐうけいだいりゃくず）」。見学前に、このページの地図とともに確認（かくにん）しておけば、建物の位置関係（いちかんけい）がわかる。

注意

社寺見学のときの注意

⚠ 社寺（しゃじ）は、参拝（さんぱい）するところです。遊園地ではありません。大きな声を出したり、走ったりせず、しずかに見学してください。

⚠ 彫刻（ちょうこく）や仏像（ぶつぞう）などは、大切な文化財（ぶんかざい）です。絶対（ぜったい）にふれてはいけません。

⚠ 建物の内部を中心に、写真撮影（しゃしんさつえい）が禁止（きんし）されているところがあります。また、立ち入りが禁止されている場所もあります。そうしたところでは、掲示（けいじ）や案内にしたがってください。

⚠ 石段（いしだん）は、急なところもあるので、かけあがったり、かけおりたりしないでください。

△後水尾天皇の筆による、「東照大権現」の額が掲げられた一の鳥居。額の大きさは、畳一枚ほど。

重文 一の鳥居(石鳥居)

日光東照宮の入口にある一の鳥居は、現在の福岡県を治めた福岡藩主の黒田長政が、1618（元和4）年に奉納したもので、石鳥居ともよばれます。

高さは約9m、柱の太さは約3.6mで、江戸時代に建てられた石づくりの鳥居としては日本最大級といわれ、15の石材を組みあわせてできています。

豆ちしき 参拝の作法1

参道や鳥居の中央は、神様が通る道とされています。そのため、中央ではなく、左右どちらかに寄って歩き、一礼してから鳥居をくぐることが、参拝の作法だといわれています。

見ておこう

鳥居の手前には、10段の石段があり、上にいくほど幅がせまく、高さが低くなっています。これは、下から見上げたときに、遠近法によって鳥居をより高く荘厳に見せるためです。

また、石段は奥行きが広く、「千人桝形」とよばれています。これには、1段に100人が立てるので10段で1000人と数えられるという、大まかな人数の把握に使われたという説があります。

ほかにも、10段目の石段の中央には、「照降石」とよばれる石がはめこまれています。この石は、ななめに2色に分かれていて、石の色のちがいが濃くなると天気がくずれるという、天気予報ができる石として有名です。

5層目

4層目

重文 五重塔（ご じゅう の とう）

高さ約36mの朱塗りの塔です。内部は空洞になっていて、中心を貫く直径60cmの心柱という柱が、4層目から鎖でつりさげられています。この心柱は、塔の最下部にある礎石の穴の中で、10cmほど浮いています。これは、地震や強風への対策に加え、長い年月の経過によって建物に生じるゆがみを調整するためだといわれています。

見ておこう

1層目から4層目は、屋根を支える垂木がまっすぐな和様なのに対し、5層目は、垂木が放射状の唐様になっています（右上の写真）。また、1層目の上のほうには十二支の彫刻がありますが、東側の面には、家康の寅、秀忠の卯、家光の辰という、3代の将軍の干支の彫刻があります。

▲現在の福井県西部を治めた小浜藩主の酒井忠勝が、1650（慶安3）年に建てた五重塔。火災で焼失したため、現在の建物は、1818（文政元）年に再建された。

重文 表門（おもてもん）（仁王門（におうもん））

日光東照宮（にっこうとうしょうぐう）に入るときの最初の門です。仏教の守り神とされる、高さ4mの2体の仁王像が安置されています。

見ておこう

表門には、極彩色の彫刻がほどこされています。側面や通路などには、虎や麒麟、獏や獅子など、82の彫刻が見られます。

▲表門にほどこされた、象や虎などの彫刻。

◀仁王門ともよばれる表門。向かって右に、口を開けた「阿形像」があり、向かって左に、口を閉じた「吽形像」がある。

重文 三神庫／想像の象

　大切なものを保管する神庫という倉庫で、通気性のよい校倉造り＊でつくられています。正面左が宝物を入れる上神庫、その右の２棟が、お祭りの道具を保管する中神庫と下神庫です。

＊木材をななめに割り、断面を三角形や四角形、あるいは台形にしたものを、丸太小屋のように井桁に組んで外壁とする建築様式。

▶三神庫。左手前が上神庫。その横が中神庫。右奥が下神庫。

重文 神厩舎／三猿

　神様に仕える神馬という馬をつなぐ、厩舎です。日光東照宮のなかでは、この建物だけが、木材に漆を塗っていない白木造りです。

▶神厩舎。実際に、神馬が見られることもある。

見ておこう

　神厩舎の頭上には、８枚の猿の彫刻があります。猿には、馬の健康と安全を守るという言い伝えがあり、その彫刻は、赤ちゃんから母親になるまでの一生の物語を描いています。もっとも有名なのは、「見ざる、聞かざる、言わざる」の三猿です。

▶三猿の彫刻。子どものころは、悪いことを見たり聞いたり話したりせずに、素直に育ってほしいという願いがこめられている。

見ておこう

上神庫の上部には、大きな2頭の象の彫刻があります。これは、江戸時代初期の代表的な絵師として知られる狩野探幽が下絵を描いた「想像の象」です。当時、だれも象を見たことがなかったため、実際の象とはちがいます。

🔵想像の象。耳が外側を向き、しっぽが3つに分かれているなど、ユニークな姿をしている。

重文 御水舎(水盤舎)

お参りの前に手や口を清める「みずや」という建物です。柱には、木材ではなく花崗岩を使い、唐破風＊と屋根は、銅の瓦でおおわれた銅瓦葺きです。

＊S字型の曲線でつくられた破風。破風は、屋根の妻側（端）にある部分。

豆ちしき 参拝の作法2

御水舎では、柄杓を使って水をすくい、手を洗ってから口をすすぐことになりますが、水の中に手を入れたり、柄杓に口を直接つけたりしてはいけません。

次のような手順でおこないます。

①右手で柄杓をもって水をすくい、左手を洗う。

②柄杓を左手にもちかえ、右手を洗う。

③柄杓をふたたび右手にもち、左のてのひらで水を受け、口にその水をふくんですすぐ。

④最後に、水の入った柄杓を縦にして、柄の部分に水を流し、柄杓の柄を洗う。

唐破風

🔵花崗岩の水盤が中央に置かれた御水舎。

見ておこう

建物の規模の割には立派なつくりの御水舎には、美しい青色で塗られた波や竜など、見事な彫刻がほどこされています。とくに、屋根の下の飛竜の彫刻は、日光東照宮の数ある彫刻のなかでも最高傑作といわれています。

🟡 唐銅鳥居（二の鳥居）

日本初といわれる、青銅という金属でつくられた鳥居です。高さ約6mで、表と裏には、三つ葉葵の徳川家の家紋が、全部で10か所に入っています。

| 貫

現地ガイドさんの おすすめ情報

日光東照宮のパワースポット

パワースポットは、霊的な力が満ちているとされる場所のことで、唐銅鳥居（二の鳥居）の手前にあるといわれています。鳥居の奥に陽明門（➡P13）が見えるところですが、右の写真のように、鳥居の貫*の下に、陽明門が上下のバランスよくおさまって見える場所だといわれています。

＊鳥居を構成する柱と横木のうち、2本の柱の途中を連結している横木のこと。

🔺パワースポット付近から撮影した二の鳥居と陽明門。陽明門の後ろには本殿（➡P16）と奥社（➡P17）があり、それらは、ほぼ一直線に並んでいる。

ワンポイント

石垣と石の彫刻

日光東照宮では、彫刻とともに、石垣をはじめとした石の工事にも、多くの力が注がれました。なかでも、表門（➡P7）の右手前にある石垣には、「阿房丸」という最大の石が使われています。その大きさは、縦3.25m、横6.3mです。

また、石の彫刻もあります。唐銅鳥居（二の鳥居）をくぐり、陽明門に向かう石段を上がると、左右の石の柵に、獅子の彫刻が彫られています。この彫刻は、石垣をかけあがり、石の柵を飛びこえて着地したような姿に見えるので、「飛び越えの獅子」とよばれています。

🔺表門前の石垣に使われた、阿房丸とよばれる巨石。

🔺飛び越えの獅子。1つの石を彫ってつくられたので、石の柵の柱とは一体になっている。

重文 鼓楼・鐘楼

陽明門（➡P13）の石段の下で、左右対称に配置されています。向かって左が太鼓をおさめる鼓楼、右が鐘をおさめる鐘楼で、どちらも高さ約12mです。

（➡P13）

見ておこう

2つの建物は、大きさや構造などは同じですが、彫刻の種類や数がちがいます。鐘楼には、霊獣、鶴などの鳥、水、波、文様など、78体の彫刻があり、鼓楼には、亀、竜、雲など、38体の彫刻があります。

ワンポイント

天海大僧正は日光山中興の祖

108歳という長寿だったとされる天海大僧正は、家康、秀忠、家光の3代にわたり、徳川将軍家に仕えた僧侶です。

1590（天正18）年の豊臣秀吉の小田原攻めで北条氏に味方して以降、日光山（現在の日光山輪王寺／➡P22）は、領地を失っておとろえていました。しかし、天海大僧正が、東照社（のちの日光東照宮）の建立や家光による日光東照宮の大改修（寛永の大造替）を指揮し、日光山輪王寺の貫主（住職）にもなったことで、日光に繁栄をもたらしました。そのため、日光を立てなおした天海大僧正は、「日光山中興の祖」とよばれています。

（➡P22）

🔷鼓楼（上）と鐘楼（下）。彫刻の数が多いこともあり、鐘楼のほうが装飾は豪華。

🔷神橋の近くの国道沿いにある、天海大僧正の像。

重文 本地堂(薬師堂)／日光の鳴竜

3代将軍の家光による寛永の大造替（➡P4）で建てられた、日光東照宮の境内のなかでも最大級の建物です。天井に描かれた竜の絵は、その頭の下で、拍子木を打ったりすると音が反響し、まるで竜が鳴いているように聞こえるので、鳴竜とよばれています。

もとの絵は、狩野永真安信が描きましたが、1961（昭和36）年に焼損したため、現在の絵は、堅山南風が再現したものです。

▶縦6m、横15mの鳴竜。

灯籠

日光東照宮の境内には、100基をこえる灯籠があります。その多くは、全国の大名から奉納されたものですが、なかには、鎖国のおこなわれた時代に貿易が許されていたオランダから奉納された、シャンデリア型の釣り灯籠やスタンド型の蓮灯籠もあります。

見ておこう

オランダの東インド会社から奉納された八角形の回り灯籠は、三つ葉葵の徳川家の家紋が逆さまなので、「逆さの回り灯籠」とよばれています。東インド会社は、17世紀のはじめに、東洋との貿易などを目的に設立されました。外国の人には、家紋の上下がわからなかったようです。

▲逆さの回り灯籠。上下が逆になっている三つ葉葵の家紋だけではなく、洋風のデザインも見どころ。

▶現在の宮城県を中心とした地域を治めた仙台藩主の伊達政宗が、ポルトガルから鉄材を取りよせてつくらせた南蛮鉄灯籠。

国宝 陽明門（ようめいもん）

きらびやかな2層造りの楼門（ろうもん）で、日光東照宮（にっこうとうしょうぐう）の代表的な建物です。花崗岩（かこうがん）の土台の上に、けやきの丸柱がたてられ、高さは11mあります。

陽明門（ようめいもん）の最大の見どころは、中央が盛りあがり、両端が反りかえった曲線が特徴（とくちょう）の屋根と唐破風（からはふ）（➡P9）の軒下（のきした）にほどこされた、508体の彫刻（ちょうこく）です。

🔵彫刻（ちょうこく）による立体的で美しい装飾（そうしょく）が一日中見ていてもあきないため、「日暮（ひぐらし）の門」ともよばれる陽明門（ようめいもん）。彫刻は、古事記（こじき）や逸話（いつわ）にもとづいた偉人（いじん）や聖人（せいじん）、唐子（からこ）（中国の子ども）のほか、霊獣（れいじゅう）（想像上（そうぞうじょう）の動物）や実在（じつざい）する動物、植物など。

見ておこう

陽明門（ようめいもん）の内側の柱のうち、門をくぐって右側2本目の柱は「魔除（まよ）けの逆柱（さかさばしら）」とよばれ、グリ紋（もん）（うず巻（ま）きを2つつなげた形）が逆に描（えが）かれています。それは、「建物はできた瞬間（しゅんかん）から崩壊（ほうかい）がはじまる」という言い伝えがあるので、建物が長もちするようにと、わざと未完成の部分を残しているからだといわれています。

←逆さのグリ紋（さか／もん）

🔵陽明門（ようめいもん）の内側の柱。グリ紋（もん）が逆（ぎゃく）の「魔除（まよ）けの逆柱（さかさばしら）」は、右から2本目。

国宝 唐門（からもん）

本社（➡P16）の正門にあたる門です。大きくて豪華絢爛な陽明門（➡P13）にくらべると小さいものの、貝殻をすりつぶした胡粉で塗られた繊細なデザインの門です。かつては、身分の高い人だけが、この門をくぐることができました。

見ておこう

唐木の寄木細工の白い柱には、昇竜と降竜の彫刻があります。ほかにも、古代中国の人物や七福神、花や鳥など、唐門には611体の彫刻がほどこされていて、その数は、陽明門の508体を上回ります。

国宝 透塀（すきべい）

唐門を中心に左右に延びる透塀は、拝殿、石の間、本殿を囲み、その長さは160mほどになります。塀の中が透けて見えるので、こうよばれています。

見ておこう

断面が四角い角柱の柱は、黒漆が塗られ、柱と柱をつなぐ横材の長押の表面には、金箔地に密陀彩色という手法で亀甲花菱紋が描かれています。中央部分にあたる胴羽目は、金箔地の格子とし、あざやかな青緑の花が描かれ、向こう側が透けて見える花狭間格子となっています。上部の欄間には、山野の植物や花鳥が彫られ、下部の腰羽目には、波や水鳥、水草などが彫られています。

🔻間口が3mの唐門と、唐門から左右に延びる透塀。

欄間

長押

胴羽目　腰羽目

国宝 回廊（かいろう）

陽明門の左右から延びる、大彫刻のある廊下です。陽明門を中心に、本社、祈祷殿、神楽殿などを取りかこみ、長さは約220mです。板張りの廊下は総漆塗りで、屋根は銅瓦葺きの入母屋造り＊です。

＊寄棟造りの上に切妻造りを重ねた社寺の屋根の形式。寄棟造りは、頂上の水平部分から4つの斜面を山形にふきおろした形式。切妻造りは、本を開いてかぶせたような形式。

見ておこう

一枚板をくりぬいた回廊の外壁には、花鳥風月、波、雲、鳳凰などがぎっしりと透かし彫り＊でほどこされ、極彩色に塗られています。ほかにも、オランダ製の燭台（ろうそく立て）が取りつけられているなど、細部にいたるまで豪華なつくりに目を見はります。

＊うすい板を表から裏まで打ちぬいて模様をあらわす彫刻の方法。

陽明門に向かって右側に延びる回廊（東回廊）。たくさんの彫刻とともに、オランダ製の燭台が見える。

国宝 眠り猫（ねむりねこ）

日光東照宮で、もっとも有名な彫刻のひとつです。家康の墓所にあたる奥社（➡P17）への参道の入口近くの回廊（東回廊）にあります。名工の左甚五郎の作と伝えられ、花に囲まれて日の光を浴びながら猫が眠っています。

見ておこう

眠り猫の彫刻の裏側には、雀の彫刻があります。これは、天敵の猫が眠っているので安心して遊ぶ雀の姿をあらわしたもので、平和な時代の訪れを示しているといわれています。

眠り猫の彫刻（上）と、その裏側にある雀の彫刻。猫は、ネズミ一匹も通さずに家康の墓を守る、見張り番という説もある。

△唐門の後方にあり、透塀(➡P14)に囲まれた本社。

国宝 本社(本殿・石の間・拝殿)

　唐門(➡P14)の後方にある本社は、日光東照宮のなかで、もっとも重要な建物です。本殿と拝殿を石の間で「エ」の字形につないだ、権現造りになっています。

　拝殿には、正面に家康の干支の寅が、ふりかえった唐門には秀忠の干支の卯が彫られ、寅の左右には家光の干支の辰が彫られています。拝殿の内部は、欄間や襖などが豪華絢爛に装飾され、3つの部屋に分かれていて、中央の間は63畳の広さがあります。天井は、148個の正方形に仕切られていて、その1つひとつには、狩野探幽をはじめとした多くの絵師が手がけたといわれる、丸く図案化された竜が描かれています。

　本殿は、ふだんは閉ざされていますが、獏の彫刻がほどこされた扉の奥には、家康が、豊臣秀吉と源頼朝とともにまつられています。

豆ちしき　参拝の作法3

　拝礼は、二礼二拍手一礼という方法でおこないます。まず、神前に立ち、2回お辞儀をします(二礼)。その後、胸の前で手を2回打ち(二拍手)、最後に、お辞儀を1回します(一礼)。

重文 奥社(坂下門・奥社拝殿・奥社宝塔)

東回廊の眠り猫(➡P15)の彫刻の下をくぐると、家康の墓所のある奥社へとつづく参道があり、その奥社の入口にあたる門が坂下門です。将軍が参拝するとき以外は閉ざされていたため、「開かずの門」とよばれていました。

一枚岩の石段を207段のぼると、奥社拝殿とともに、高さ約5mの奥社宝塔があります。家康の墓にあたる奥社宝塔は、最初は木製でしたが、のちに石造りとなり、それも地震で倒壊したため、1683 (天和3) 年、現在の青銅製になりました。奥社宝塔には、家康の「神柩(ひつぎ)」がおさめられていて、建立以来、一度も開けられたことはありません。

◎坂下門を通り、石段の途中から見た境内の建物の屋根。手前の坂下門の屋根の後ろには、神楽殿や陽明門、神輿舎などの屋根が見える。

◎奥社宝塔。手前には、ろうそくをたてる鶴の燭台、線香をそなえる香炉、花をそなえる花瓶があり、これらは三具足とよばれる。

▼参道の石段の1段目にある坂下門。

世界遺産 日光二荒山神社

日光二荒山神社は、日光東照宮の近くにある本社のほかにも、中禅寺湖畔の中宮祠、男体山の頂上の奥宮があります。二荒山は、古くから山岳信仰の対象とされた、男体山(➡P28)のことです。

🔺八棟造りという、複雑に屋根を組みあわせた建築様式を取りいれた本殿。

日光二荒山神社とは

　はじまりは、奈良時代末の782（天応2）年のことです。日光を開いた勝道上人(➡P21)が、男体山の山頂に祠を建てました(現在の奥宮)。その後、中宮祠が784（延暦3）年に、本社が790（延暦9）年に建てられました。

　日光二荒山神社は、男体山(二荒山)、女峰山、太郎山の日光三山のそれぞれに、大己貴命、田心姫命、味耜高彦根命という神(三柱の神)をあて、まつっています。

重文 本殿

　江戸幕府からもあがめられた日光二荒山神社は、日光東照宮をつくるときに社殿の造営がおこなわれました。そのため、本殿は、2代将軍の徳川秀忠により、1619（元和5）年に建てられ、世界遺産に登録された「日光の社寺」のなかでは、もっとも古い建造物のひとつです。装飾や彫刻などのはなやかさは、建てられた当時のままです。

重文 拝殿

　江戸時代前期の1645（正保2）年に建てられたと考えられている拝殿は、黒漆塗りの銅瓦葺きの屋根をもつ、入母屋造り（➡P15）の建物です。本殿とはちがい、はなやかな装飾や彫刻は見られませんが、単純でありながら、力強さが感じられます。

🔺拝殿。後方にある本殿とのあいだは、渡殿という建物でつながっている。

マップ 日光二荒山神社

見ておこう

　拝殿の前にある朱塗りの神門の近くには、根をひとつにする「夫婦杉」や、仲良く3本が根をつなげて並ぶ「親子杉」が、御神木としてたちならびます。

現地ガイドさんのおすすめ情報

神門の猪目すかし

　御神木の「夫婦杉」の前に立つと、朱塗りの神門が後ろに見えますが、2本の杉の間から、神門の「猪目すかし」というイノシシの目に似た文様が見える場所があります。夫婦杉は夫婦円満の御神木とされ、猪目すかしはハートの形にも見えるので、縁起のよい場所として、話題になっています。

▶夫婦杉の間から見た、ハートの形をした神門の猪目すかし。

重文 銅灯籠（化灯籠）

　鎌倉時代につくられた、日光ではもっとも古いといわれる唐銅製の灯籠で、「化灯籠」という別名があります。それは、夜ふけに火を灯すと、ゆらゆらと揺れ、不気味でお化けのように見えたからだそうです。

△化灯籠ともよばれる銅灯籠。警固の武士たちが刀で切りつけたといわれ、無数の刀傷が残る。

二荒霊泉

　薬師の霊水と酒の泉という、2つの清らかな水が合流する池です。薬師の霊水は、目の病気に効くとされ、本殿裏の恒霊山の洞窟から湧きでています。酒の泉は、おいしい酒ができる名水といわれ、日光二荒山神社の別宮＊の滝尾神社の境内に湧きでています。
＊本社に付属して、別に設けられた神社。

△美容と健康の霊泉ともいわれる二荒霊泉。

豆ちしき　境内末社

　大きな神社の境内には、末社とよばれる小規模な神社があります。日光二荒山神社には、日枝神社、大国殿、朋友神社という3つの末社があります。

▶末社の1つの大国殿。幸福を招く神として、大己貴命（大国主命）をまつる。

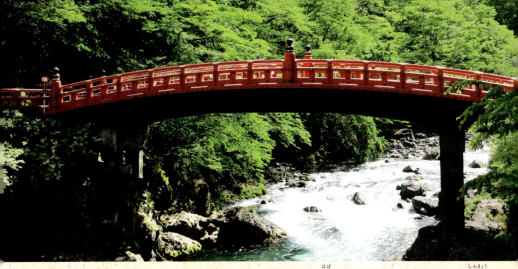

△長さ28m、幅7.4m、水面からの高さ10.6mの神橋。

重文 神橋

世界遺産「日光の社寺」のある「日光山内」という地域の玄関口には、中禅寺湖(➡P29)を水源とする大谷川にかかる、神橋があります。

江戸時代におこなわれた日光東照宮の寛永の大造替(➡P4)のときに、現在のような石の橋脚の橋につくりかえられました。それ以降、通行が許されたのは、将軍などの身分の高い人だけとなり、1973(昭和48)年まで、一般の人の通行は禁止されていました。

ワンポイント

神橋と勝道上人

勝道上人は、いまから1250年ほど前の奈良時代に、日光を開いた僧侶です。勝道上人には、さまざまな伝説があり、7歳のときには、明星天子という神が夢にあらわれ、「これから仏の道を学び、大きくなったら日光を開きなさい」と告げられたといいます。

また、神橋にまつわるこんな伝説もあります。766(天平神護2)年、日光を開くために現在の神橋のある場所にやってきた勝道上人が、川を渡れずに立ち往生したときのことです。「ここに神仏をまつるため、どうか川を渡らせてください」と熱心に神仏に祈ると、仏教の守護神の深沙大王があらわれ、2匹の大蛇を川に投げこみました。すると、それが橋の形になり、勝道上人は川を渡ることができたというのです。

こうして神の助けを受け、大谷川の激流を渡った勝道上人は、いまの日光山内にお堂を建てました。そして、二荒山(男体山)の登頂にも成功し、現在の日光二荒山神社を建てたのです。

△日光山輪王寺の入口近くにある、勝道上人の像。

世界遺産 日光山輪王寺

日光山輪王寺のはじまりは、日光のはじまりです。奈良時代の766（天平神護2）年、勝道上人（→P21）が、日光を信仰の場として開こうと、お堂（現在の四本龍寺）を建てました。

△三仏堂。右の桜は、樹齢500年といわれ、天然記念物に指定されている金剛桜。

日光山輪王寺とは

輪王寺は、そのはじまりとなった四本龍寺が奈良時代に建てられて以降、日光山内と男体山の周辺（奥日光）に建てられた仏教建築の総称です。

鎌倉時代には、皇室から住職を招き、「皇族座主」がはじまりました。そして、江戸時代になると、天海大僧正（→P11）が住職となり、輪王寺宮＊が誕生するなど、発展していきました。

＊皇族出身の輪王寺住職が代だい受けついだ称号。

マップ 日光山輪王寺（東地区）

護摩堂　護法天堂
●相輪橖
卍　輪王寺本坊
───三仏堂
●金剛桜
●輪王寺宝物殿
勝道上人像●

三仏堂

　日光山輪王寺の本堂にあたり、東日本では最大とされる木造の仏堂です。三仏堂とよばれているのは、三体の本尊（千手観音・阿弥陀如来・馬頭観音）をまつっているからです。

　建物は、1645（正保2）年に徳川家光が建てたもので、もとは現在の日光二荒山神社の位置にありました。しかし、神仏分離令により、1881（明治14）年に、いまの位置に移されました。

※三仏堂は、平成の大修理が2019年までおこなわれているが、見学は可能。地上26mの屋根の高さから修理のようすを見ることができる、天空回廊が設けられている。

▲青銅製の相輪橖。

豆ちしき　神仏習合と神仏分離令

　鎌倉時代に、日本古来の神を敬う神祇信仰に大陸から伝わった仏教が結びついた「神仏習合」という信仰が根づきます。すると、日光三山（➡P28）、日光二荒山神社にまつられた三柱の神（➡P18）、日光山輪王寺の三体の本尊（仏）が、次のように結びつき、同じと見なす考え方が整います。

山	男体山 なんたいさん	女峰山 にょほうさん	太郎山 たろうさん
神	大己貴命 おおなむちのみこと	田心姫命 たごりひめのみこと	味耜高彦根命 あじすきたかひこねのみこと
仏	千手観音 せんじゅかんのん	阿弥陀如来 あみだにょらい	馬頭観音 ばとうかんのん

　しかし、明治維新により、「神仏分離令」が出されると、それまでの神仏習合は禁止されます。そして、日光山内では、仏教建築が日光山輪王寺にまとめられ、神社建築が日光東照宮と日光二荒山神社にまとめられました。その結果、日光山内は、現在の二社一寺の姿となりました。

重文

相輪橖

　高さ13.2mの相輪橖は、1643（寛永20）年に、徳川家光の発案で、天海大僧正（➡P11）が建てました。国家の安定と平和を願う意味もあり、内部には、1000の経典がおさめられています。

世界遺産 家光廟大猷院

日光山輪王寺の別院*となっている家光廟大猷院は、3代将軍の徳川家光の墓所です。「死んだ後も東照大権現（家康公）にお仕えする」という家光の遺言にもとづき、4代将軍の徳川家綱の命で、1653（承応2）年に完成しました。

*本山に準じるものとして、別の場所に設けられた寺院。

重文 仁王門

　家光が眠る奥院宝塔までは、6つの門がありますが、仁王門は、その最初の門です。門の左右には、2体の仁王像が安置されています。

▽仁王門。向かって右に、口を開けた「阿形像」が、向かって左に、口を閉じた「吽形像」が安置されている。

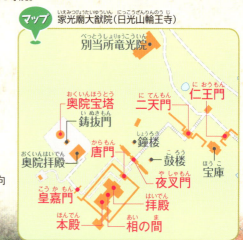

マップ 家光廟大猷院（日光山輪王寺）

別当所竜光院
奥院宝塔
鋳抜門
二天門
仁王門
鐘楼
奥院拝殿
唐門
鼓楼
宝庫
夜叉門
皇嘉門
拝殿
本殿
相の間

重文 二天門

　仏教を守護する四天王の
うち、東を守る「持国天」と
西を守る「広目天」という二
天の像が安置されています。
門の上部には、後水尾上皇
の筆による「大猷院」の額が
掲げられています。大猷院
は、家光の諡号＊で、「大
きな仕事をおこなった人」
という意味があります。

＊身分の高い人の死後につけられ
　た名前。
※2017年現在、二天門は改修中。

△日光山内では最大の門とされる二天門。

重文 夜叉門

　夜叉という４体の鬼の像が、門の正面と背後
に安置されています。夜叉は、赤、青、緑、白
に塗られ、それぞれ、毘陀羅、烏摩勒伽、阿跋
摩羅、犍陀羅です。

△牡丹の彫刻がほどこされているので、牡丹門ともよばれる夜叉門。

重文 唐門

　拝殿の入口の門です。鶴や
竜などのさまざまな彫刻や金
箔などにより、細かく精巧な
細工がほどこされています。

左右に回廊が延びる唐門。

国宝 拝殿・本殿

拝殿と本殿は、相の間で「工」の字形につながっています（権現造り／➡P16）。

拝殿の内部は、たくさんの彫刻がほどこされ、天井には、狩野派*の絵師による140の竜が描かれています。

本殿の外観は金色がまぶしく、内部は豪華で、あざやかな色彩と細かな彫刻がほどこされています（非公開）。

＊室町時代の中期におこった、日本画の流派。

🔼唐門と回廊の後ろにある拝殿。

重文 皇嘉門

家光の墓所となる奥院（非公開）の入口の門です。日光ではめずらしい、中国の明朝風の建築様式です。

🔼竜宮城を思わせるような外観から、竜宮門ともよばれる皇嘉門。

🔽ふんだんに金色を取りいれ、金閣殿ともよばれる本殿。

日光の伝統工芸品

江戸時代から林業がさかんな日光には、木を使った3つの伝統工芸品があり、日光東照宮をはじめとした日光の社寺とも、かかわりがあります。

●日光彫

乾燥させたトチノキ、ホオノキ、カツラなどを材料に、江戸時代初期にはじまった彫りもの。日光東照宮でおこなわれた「寛永の大造替」のときに集められた大工や彫刻師などの職人が、仕事の合間に彫っていたものが、日光彫として今日に伝わった。

△日光彫のお盆。ほかにも、菓子箱や文箱のような小さなものから、家具のような大きなものまで、生活のなかで使われるものがつくられている。

●日光下駄

ホオノキやハンノキを台木として、そこに竹の皮で編んだ草履を麻糸でぬいつけ、わらを芯にした木綿の鼻緒をつけたもの。江戸時代には、日光の社寺に立ちいるときには草履をはくのが決まりだった。しかし、坂が多く、雪が積もることもあり、草履では不便なため、草履の下に台木を合わせた「御免下駄」が考案され、これが日光下駄となった。

△日光下駄。台木に軽い木材を使用し、鼻緒のデザインが現代風なものもあり、みやげ品としても人気。

●日光茶道具

ロクロ*で木材を加工してつくる、ミニチュアの茶道具。茶碗、茶たく、茶釜、茶筒、急須、柄杓、茶こぼしなどが、ひとつのお盆の上にまとめられている。日光彫のもととなる木地をつくる木地師が、余った木材を活用し、仕事の合間につくったのがはじまりといわれる。

＊おもに材料を回転させることで、円形の器をつくる機械。

▶日光茶道具。実際には、使うのではなく、かざって楽しむ郷土玩具。

自然 山と湖

男体山をはじめとした日光の山の多くは、火山活動によってできました。中禅寺湖と湯ノ湖は、火山の噴火による溶岩で、川がせきとめられてできた湖です。

山

日光の代表的な山は、かつて二荒山とよばれた男体山です。女峰山と太郎山を加えた日光三山は、山岳信仰*の山として、神や仏がまつられました。

これらの山のほかにも、大真名子山、小真名子山、そして関東地方最高峰の日光白根山など、日光西部にそびえる2300mから2500m級の山やまは、日光連山とよばれ、その多くが、火山活動によってできた山です。

*山を信仰の対象として、拝んだり、宗教的な儀式をしたりすること。

◀日光の市街地から見た日光連山。

▼日光の市街地の西側に連なる日光連山。写真は、陸域観測技術衛星「だいち」が、宇宙から撮影したもの。

太郎山

女峰山

小真名子山

大真名子山

湯ノ湖

男体山

中禅寺湖

©JAXA

湖

中禅寺湖と湯ノ湖は、日光の代表的な湖です。

中禅寺湖は、周囲約25km、面積約12km²、最大水深は163mで、日光国立公園*の中心となる湖です。湖面の標高は1269mで、日本でも標高の高いところにある湖のひとつです。ゆたかな自然にめぐまれ、夏のすずしさやおだやかな気候をもとめた外国人の避暑地として、明治時代の中ごろから昭和初期にかけ、にぎわいました。新緑、紅葉、冬景色など、四季折おりの風景を楽しめます。

湯ノ湖は、周囲約3km、面積0.35km²の湖で、まわりには広葉樹や針葉樹の原生林があり、人の手の入っていない自然を楽しむことができます。湖底から温泉がわきでていることもあり、比較的あたたかく、冬には水鳥が飛来します。ただし、水深が14mと浅いので、全面が氷でおおわれることもあります。

*栃木県北部を中心に、群馬県と福島県にまたがる国立公園。

背後に男体山がそびえる中禅寺湖。

▼紅葉の湯ノ湖。手前には湯滝(➡P30)が見え、奥には日光湯元温泉が見える。

ワンポイント

いろは坂

中禅寺湖や湯ノ湖などがある奥日光と日光の市街地を結ぶ道路は、いろは坂とよばれます。下り専用の第1いろは坂と上り専用の第2いろは坂があり、「いろは48文字」にたとえて、この名がついています。カーブごとに「い、ろ、は・・・」の看板が表示された急な坂が続きます。標高差は440mあります。

▲上り専用の第2いろは坂。

自然 滝と湿原

日光は、四十八滝とも七十二滝ともよばれるほど、滝が多いところです。湯ノ湖（➡P29）とそこから流れでる湯川の流域には、ラムサール条約*に登録された「奥日光の湿原」が広がります。

*重要な湿地とそこに生息する動植物の保護を目的とした国際条約。日本では、50か所の湿地が登録されている（2016年現在）。

滝

数ある日光の滝のなかでも、華厳ノ滝、霧降ノ滝、裏見ノ滝は、日光三名瀑とよばれ、華厳ノ滝、湯滝、竜頭ノ滝は、奥日光三名瀑とよばれています。また、華厳ノ滝は、那智の滝（和歌山県）と袋田の滝（茨城県）とともに、日本三名瀑のひとつです。

霧降ノ滝

⛰25mの上段と26mの下段に分かれ、高さが75mある滝。

⛰観瀑台から見た華厳ノ滝。中禅寺湖（➡P29）から流れでた大尻川が、高さ97mの岩壁を一気に落下し、大谷川となる。

湯滝

⛰湯ノ湖の南端にあり、高さ70m、長さ110m、幅25mほどの滝。湯ノ湖の水が岩壁を流れおちる。

竜頭ノ滝

⛰幅10mほどの階段状の岩場を、湯川の水が流れる、全長210mの滝。中央の大きな岩が、滝の流れを2つに分け、竜の頭のように見えるので、その名がついた。

華厳ノ滝

裏見ノ滝

△高さ20mほどの滝。裏側からも滝を見ることができたので、この名がついたが、現在は、滝の裏側にいくことはできない。

湿原

ラムサール条約に登録された「奥日光の湿原」は、湯ノ湖とそこから流れでる湯川、その流域の戦場ヶ原と小田代原で構成され、面積は260.41ヘクタールです。

小田代原

◁草紅葉が見られる小田代原。草が色づき、紅葉している。小田代原は、周囲2kmの湿原だが、湿原から草原に移行する段階だといわれ、湿原と草原の両方の特徴をもっている。

▷湯ノ湖の東岸につきでた兎島の紅葉。兎島には湿原があり、ワタスゲ(➡P34)などが自生する。また、湯滝の付近には、アズマシャクナゲ(➡P34)の群落がある。

湯ノ湖

湯川

◁湯滝から竜頭ノ滝にいたる、ゆるやかな流れの川。湯滝から戦場ヶ原までの流域が、ラムサール条約に登録されている。写真は、ズミ(➡P34)が咲く、6月の湯川。

▽男体山の噴火で川がせきとめられてできた湿原で、中禅寺湖の北に広がる。350種類もの植物が自生し、国道の西側が、ラムサール条約に登録されている。写真は、ワタスゲが見られる、6月下旬ころの戦場ヶ原。

戦場ヶ原

自然 奥日光ハイキング

奥日光には、いくつかのハイキングコースが設けられています。なかでも、ラムサール条約（➡P30）に登録された「奥日光の湿原」を歩く3つのコースは、人気があります。

戦場ヶ原自然研究路コース

奥日光のハイキングコースのなかでは、もっとも一般的です。湯滝の入口から湯川に沿って戦場ヶ原を進み、竜頭ノ滝に向かいます。ほぼ平坦なコースなので、湿原の植物や水辺の鳥を楽しみながら歩けます。

●距離:6.3km　●所要時間:約2時間35分

自然研究路として木道が整備されている、戦場ヶ原のハイキングコース。

小田代原探勝コース

戦場ヶ原の南部の赤沼から、小田代原を通り、戦場ヶ原の北部の逆川橋に向かいます。小田代原の見どころをめぐるコースで、雨の多い季節には、一時的に出現する小田代湖を見ることができます。

●距離:7.2km　●所要時間:約2時間20分

「小田代原の貴婦人」とよばれる1本のシラカンバ（シラカバ）。

湯ノ湖一周コース

湖畔前（バス停留所）から湯ノ湖に沿って南下し、湯滝の上からは湯ノ湖に沿って北上し、日光湯元温泉に向かいます。平坦で短いコースで、途中、兎島の湿原にも立ちよります。

●距離:2.9km　●所要時間:約1時間10分

▼ハイキングコースから見た、湖面に紅葉がうつる湯ノ湖。

自然

五色山 2379m
前白根山 2373m
外山 2204m

日光湯元温泉
オオカメノキ
シラカンバ ミズナラ
日光湯元ビジターセンター
兎島
湯ノ湖
カラマツ
ダケカンバ
湯滝
湯滝入口
小滝
ミズナラ 小田代橋
逆川橋 逆川
イヌコリヤナギ ズミ
泉門池
糖塚
青木橋
戦場ヶ原展望台
小田代原展望台
（小田代原の貴婦人）
小田代原
戦場ヶ原
湯川
戦場ヶ原自然研究路
横断注意
弓張峠
幕張峠
湿地帯は立入禁止
赤沼分岐
赤沼
赤沼自然情報センター
石楠花橋
高山 1667.5m
県公庫バス路線
竜頭ノ滝
イヌブナ

40分 30分 25分 15分 10分 25分 30分 15分 30分 35分 15分 5分 25分 20分

凡例

♿ 障がい者用トイレ
ℹ 情報センター
🚻 トイレ（一部は冬季閉鎖）
🚏 バス停留所
━━━ 戦場ヶ原自然研究路コース
━━━ 小田代原探勝コース
━━━ 湯ノ湖一周コース

注意

ハイキングのときの注意

　自然を楽しみながら野山を歩くハイキングでは、次のような、自然への備えや配慮がもとめられます。

⚠ 上の地図と左ページに示した所要時間は、あくまでも目安なので、時間には余裕をもって、計画を立ててください。

⚠ 山の天候はかわりやすいので、注意が必要です。

⚠ 真夏であっても、朝夕や天気が悪いときには、防寒具が必要になります。

⚠ 夏の午後には雷や夕立が発生しやすいので、注意が必要です。

⚠ 奥日光はクマの生息地なので、クマに出会わないように、クマよけの鈴などを用いて、人間の存在を知らせることが望ましいです。

⚠ 多くのハチを見かけたら、巣が近い可能性があるので、刺激しないように、その場をしずかにはなれてください。

⚠ 道路や木道といった決められた場所を歩き、それ以外の場所には、立ちいらないでください。

⚠ 野生のサルには、えさをあたえないでください。

⚠ 植物をもちかえってはいけません。

⚠ ごみは、かならずもちかえってください。

※先生方へ：雷や夕立を避けるためにも、朝はやめに行動を開始することが望ましいです。

日光で見られる草花と野鳥

奥日光でのハイキングのときを中心に、日光では、季節に応じて、さまざまな草花や野鳥が見られます。ここからは、それらが見られる場所や時期などを、写真とともに紹介します。

日光で見られる草花

アカヤシオ [ツツジ科]

トウゴクミツバツツジ [ツツジ科]

シロヤシオ [ツツジ科]

アズマシャクナゲ [ツツジ科]

レンゲツツジ [ツツジ科]

ズミ [バラ科]

ワタスゲ [カヤツリグサ科]

クリンソウ [サクラソウ科]

シウリザクラ [バラ科]

オオヤマザクラ [バラ科]

ミヤマザクラ [バラ科]

タカネザクラ(ミネザクラ) [バラ科]

オオカメノキ [レンプクソウ科]	シラネアオイ [シラネアオイ科]	ノアザミ [キク科]

アヤメ [アヤメ科]	ノハナショウブ [アヤメ科]	ホザキシモツケ [バラ科]

草花名	見られる場所	見ごろの時期	草花名	見られる場所	見ごろの時期
アカヤシオ [ツツジ科]	中禅寺湖	5月上旬	オオヤマザクラ [バラ科]	中禅寺湖	5月中旬
	湯元 *1	5月中旬		湯元	5月下旬
トウゴクミツバツツジ [ツツジ科]	中禅寺湖	5月下旬	ミヤマザクラ [バラ科]	戦場ヶ原	6月中旬
	戦場ヶ原	5月下旬		湯元	6月中旬
	湯元	6月上旬	タカネザクラ (ミネザクラ) [バラ科]	湯元	5月下旬
シロヤシオ [ツツジ科]	中禅寺湖	5月下旬			
	湯元	6月上旬	オオカメノキ [レンプクソウ科]	湯元	5月下旬～6月上旬
アズマシャクナゲ [ツツジ科]	中禅寺湖	5月下旬	シラネアオイ [シラネアオイ科]	湯元	5月下旬
	戦場ヶ原	5月下旬	ノアザミ [キク科]	戦場ヶ原	7月中旬～8月上旬
	湯元	5月下旬		小田代原	7月中旬～8月上旬
レンゲツツジ [ツツジ科]	戦場ヶ原	6月下旬		湯元	7月中旬～8月上旬
	湯元	6月中旬	アヤメ [アヤメ科]	戦場ヶ原	6月中旬～7月上旬
ズミ [バラ科]	戦場ヶ原	6月上旬		小田代原	6月中旬～7月上旬
ワタスゲ [カヤツリグサ科]	戦場ヶ原	6月中旬～下旬	ノハナショウブ [アヤメ科]	戦場ヶ原	7月中旬
クリンソウ [サクラソウ科]	千手ヶ浜 *2	6月中旬		小田代原	7月中旬
シウリザクラ [バラ科]	千手ヶ浜	6月中旬	ホザキシモツケ [バラ科]	戦場ヶ原	7月中旬～下旬
	湯元	6月中旬		小田代原	7月中旬～下旬

＊1 湯ノ湖の北岸で、日光湯元温泉があるところ。　＊2 中禅寺湖の西の端にある浜。

日光で見られる野鳥

センダイムシクイ [ムシクイ科]

ホトトギス [カッコウ科]

アオジ [ホオジロ科]

アカゲラ [キツツキ科]

アカハラ [ヒタキ科]

イカル [アトリ科]

オオジシギ [シギ科]

カケス [カラス科]

カッコウ [カッコウ科]

カワガラス [カワガラス科]

キバシリ [キバシリ科]

キビタキ [ヒタキ科]

コガモ [カモ科]

コガラ [シジュウカラ科]

コサメビタキ [ヒタキ科]

ウソ [アトリ科]

キセキレイ [セキレイ科]

キンクロハジロ [カモ科]

ゴジュウカラ [ゴジュウカラ科]

ジュウイチ〔カッコウ科〕	ヒドリガモ〔カモ科〕	マガモ〔カモ科〕	ミソサザイ〔ミソサザイ科〕

鳥名	見られる場所	見られる時期	種別（移動）
センダイムシクイ〔ムシクイ科〕	中禅寺湖、湯ノ湖	4〜9月	夏鳥
ホトトギス〔カッコウ科〕	中禅寺湖、湯ノ湖	6〜7月	夏鳥
アオジ〔ホオジロ科〕	戦場ヶ原、小田代原	4〜8月	夏鳥
アカゲラ〔キツツキ科〕	戦場ヶ原、小田代原	通年	留鳥
アカハラ〔ヒタキ科〕	戦場ヶ原、小田代原	4〜11月	夏鳥
イカル〔アトリ科〕	戦場ヶ原、小田代原、湯元、湯ノ湖	4〜10月	夏鳥
オオジシギ〔シギ科〕	戦場ヶ原、小田代原	4〜7月	夏鳥
カケス〔カラス科〕	戦場ヶ原、小田代原	通年	留鳥
カッコウ〔カッコウ科〕	戦場ヶ原、小田代原	6〜7月	夏鳥
カワガラス〔カワガラス科〕	中禅寺湖、戦場ヶ原、小田代原	通年	留鳥
キバシリ〔キバシリ科〕	戦場ヶ原、小田代原	通年	留鳥
キビタキ〔ヒタキ科〕	中禅寺湖、戦場ヶ原、小田代原	5〜7月	夏鳥
コガモ〔カモ科〕	戦場ヶ原、湯ノ湖、湯元	10〜4月	冬鳥
コガラ〔シジュウカラ科〕	戦場ヶ原、小田代原、湯ノ湖、湯元	通年	留鳥
コサメビタキ〔ヒタキ科〕	戦場ヶ原、小田代原	5〜7月	夏鳥
ウソ〔アトリ科〕	戦場ヶ原、小田代原、湯元、湯ノ湖	通年	留鳥
キセキレイ〔セキレイ科〕	中禅寺湖、戦場ヶ原、小田代原、湯ノ湖	4〜10月	夏鳥
キンクロハジロ〔カモ科〕	中禅寺湖、湯ノ湖	10〜4月	冬鳥
ゴジュウカラ〔ゴジュウカラ科〕	戦場ヶ原、小田代原、湯元、湯ノ湖	通年	留鳥
ジュウイチ〔カッコウ科〕	湯ノ湖	5〜7月	夏鳥
ヒドリガモ〔カモ科〕	湯ノ湖	10〜3月	冬鳥
マガモ〔カモ科〕	戦場ヶ原、湯ノ湖	通年	冬鳥 *
ミソサザイ〔ミソサザイ科〕	湯ノ湖	通年	留鳥

＊ 個体によっては留鳥。

※留鳥は、1年をとおして、そこに生息している野鳥。夏鳥は、春から夏にかけて、繁殖のために
日本にやってくる野鳥。冬鳥は、あたたかい場所で冬を越すために日本にやってくる野鳥。

特別編 日光の食とみやげ品

日光の食とみやげ品には、日光の歴史と自然が深くかかわっています。郷土料理のなかには、門前町として栄えた江戸時代に、日光の代表的なみやげ品になったものもあります。

日光の食

日光湯波としそまきとうがらしは、日光の代表的な郷土料理です。湯波は、豆乳を煮たてたときに表面にできるうすい膜を引きあげたもので、日光の社寺の精進料理に用いられてきました。

しそまきとうがらしは、日光とうがらしを特別な種類のしその葉で巻いたもので、修行で日光に来た僧たちが、体をあたため、きびしい冬をのりきるために食べていたといわれています。

ほかにも、中禅寺湖の「ヒメマス」、全国有数の収穫量をほこる「そば」、牧場でとれる新鮮な牛乳を使った「ソフトクリーム・アイスクリーム」、冬の寒さと名水が生む天然氷を使った「かき氷」などが、名物料理として知られます。

🔵🔺湯波には、生湯波と干し湯波がある。上は、生湯波を使った「さしみ湯波」。左は、生湯波を重ねて巻いて油で揚げた「揚巻湯波」。

🔺半年から1年ほど塩でつけこんだ材料を使った、しそまきとうがらし。細かくきざみ、ごはんにかけて食べる。

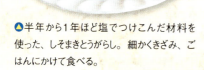

🔺ヒメマスの塩焼き。

▶「そばのまち」とよばれる日光のそば。

△日光名物の天然氷を使ったかき氷。

△牧場の牛乳を使った、ソフトクリームとアイスクリーム。

🟡 日光のみやげ品

　羊羹や漬け物は、日光のみやげ品として、古くから有名です。栃木県が収穫量日本一のいちごを使った菓子も人気です。また、郷土料理の日光湯波やしそまきとうがらしも、みやげ品として売られています。

△古くから僧侶や神官たちが食べていた羊羹。小豆、寒天、砂糖と、日光の天然水でつくる。

◁▽いちごの菓子。パイやグミ、ケーキやクッキーなどがある。

△古くから冬の保存食とされていた漬け物。しょうゆやみそが熟成するときに表面にできる上澄み液（たまり）に、野菜を入れて漬けこんだ「たまり漬け」が有名。

□監修
一般社団法人 日光市観光協会

□取材協力
一般社団法人 日光市観光協会、
日光殿堂案内協同組合、
近畿日本ツーリスト株式会社、
井上政夫

□構成・取材・執筆
こどもくらぶ
あそび・教育・福祉・国際分野で、毎年100
タイトルほどの児童書を企画、編集している。

□編集
(株)エヌ・アンド・エス企画
小林寛則、村上奈美、兼子梨花

□デザイン・制作
菊地隆宣 (エヌ・アンド・エス企画)

□地図製作
株式会社周地社 (斉藤義弘)

■写真協力
一般社団法人 日光市観光協会、公益
財団法人 日光社寺文化財保存会、日
光東照宮、日光二荒山神社、日光山
輪王寺、栃木県工業振興課、国立研
究開発法人 宇宙航空研究開発機構、
一般財団法人 自然公園財団 日光支
部、落合商店、なんたい、株式会社大
笹牧場、株式会社ダイエー

★ポプラ社はチャイルドラインを応援しています★

こまったとき、なやんでいるとき、
18さいまでの子どもがかけるでんわ
チャイルドライン®
0120-99-7777
ごご4時～ごご9時 *日曜日はお休みです　電話代はかかりません　携帯・PHS OK

この本の情報は、2016年12月までに調べた
ものです。今後変更になる可能性があります
ので、ご了承ください。

もって歩ける！ 日光ポケットガイド

2017年4月　第1刷発行 ©

発行者　長谷川 均
編　集　堀 創志郎
発行所　株式会社ポプラ社　〒160-8565　東京都新宿区大京町22－1
電　話　03-3357-2212 (営業)　03-3357-2635 (編集)
振　替　00140-3-149271
ホームページ　http://www.poplar.co.jp (ポプラ社)
印刷・製本　図書印刷株式会社
ISBN978-4-591-15362-8　N.D.C.291/39P/21cm×15cm　Printed in Japan